Y a-t-il des leçons de l'Histoire ?

PRINCIPAUX OUVRAGES
DU MÊME AUTEUR

LA MÉTHODE

La Nature de la nature (t. I), Seuil, 1977 ;
coll. « Points Essais », 1981.

La Vie de la vie (t. II), Seuil, 1980 ;
coll. « Points Essais », 1985.

La Connaissance de la connaissance (t. III), Seuil, 1986 ;
coll. « Points Essais », 1992.

Les Idées (t. IV), Seuil, 1991 ;
coll. « Points Essais », 1995.

L'Humanité de l'humanité. L'identité humaine (t. V),
Seuil, 2001 ; coll. « Points Essais », 2003.

Éthique (t. VI), Seuil, 2004 ; coll. « Points Essais », 2006.

La Méthode de « La Méthode » : le manuscrit perdu (t. VII),
Actes Sud, 2024.

COMPLEXUS

Science avec conscience, Fayard, 1982 ;
Seuil, coll. « Points Sciences », 1990.

Sociologie, Fayard, 1984 ; édition remaniée et complétée,
Seuil, coll. « Points Essais », 1994.

Introduction à la pensée complexe, ESF, 1990 ;
Seuil, coll. « Points Essais », 2005.

Suite des œuvres d'Edgar Morin en fin de volume

Edgar Morin

Y a-t-il des leçons de l'Histoire ?

DENOËL

Introduction

« La vraie histoire étant mêlée à tout,
le véritable historien se mêle de tout. »

Par ces mots, dans *Les Misérables*, Victor Hugo signifie que l'Histoire se nourrit de connaissances tirées de toutes les disciplines, notamment des sciences humaines, des récits tels que les Mémoires et les romans, et même des sciences naturelles – ainsi les aléas du climat peuvent-ils avoir une incidence capitale sur les événements historiques.

Lors de mes études universitaires, mes années d'apprentissage de l'Histoire ont joué un rôle déterminant dans ma façon de penser, et tout ce que j'ai écrit a toujours été historicisé. Aussi, au cours du siècle que je viens de vivre, la question des leçons de l'Histoire n'a-t-elle cessé de me travailler, pour finir par mûrir dans ce livre.

PREMIÈRE LEÇON

Le résultat d'une action peut être contraire à son intention première

C'est mon maître Georges Lefebvre, professeur d'histoire de la Révolution française à la Sorbonne, qui me donna cette leçon lors de ma première année universitaire, en 1940.

Pour retrouver une puissance perdue sous le règne de Louis XIV, où elle fut vassalisée, l'aristocratie déclencha le processus qui amena la convocation des états généraux par Louis XVI, sous la pression de grandes difficultés économiques. Jusqu'alors, cette assemblée des trois ordres était toujours favorable à l'union de la noblesse et du clergé, au détriment du tiers état. Or, dès le début des états généraux, en mai 1789, les députés du tiers état obtinrent que le vote soit décompté par tête et non par ordre. Ses élus étant les plus nombreux, le 17 juin 1789, le tiers état se déclara Assemblée nationale et la Révolution put commencer.

L'aristocratie perdit ainsi le pouvoir qu'elle souhaitait regagner et Louis XVI, quant à lui, pour une réforme financière, perdit tout.

Je fus ébloui de découvrir, grâce à Lefebvre, que le résultat d'une action peut être contraire à l'intention qui l'a provoquée.

Cette idée devint fondamentale pour moi ; je la nommai plus tard « écologie de l'action », afin d'indiquer que le cours d'une action dépend aussi de son contexte ou de son environnement, et des inter-rétroactions qui s'y produisent.

Cette leçon se vérifie aussi bien sur le plan personnel que politique, économique que militaire. Et, bien entendu, elle s'illustre à maintes reprises dans l'Histoire, des invasions médiques, au Ve siècle avant notre ère, lorsque l'énorme Empire perse échoua à asservir la petite cité d'Athènes, où purent dès lors fleurir démocratie et philosophie, jusqu'à l'échec du plan hitlérien de conquête de l'Europe slave.

DEUXIÈME LEÇON

Il n'est pas d'observation valable sans auto-observation

À l'université, je suivais aussi les cours d'économie de Gaëtan Pirou et lisais les polycopiés de François Perroux à la faculté de droit, ceux d'André Siegfried à Sciences po, ceux de sociologie de Maurice Halbwachs à la Sorbonne. Mais je me souviens particulièrement d'un autre cours de Georges Lefebvre consacré aux histoires de la Révolution rédigées au XIXe siècle et au début du XXe.

Le professeur démontrait que les historiens concevaient la Révolution en fonction des problèmes et des idées de leur temps. François Guizot se préoccupait ainsi principalement de l'incapacité de la Révolution à aboutir à une monarchie constitutionnelle. Jules Michelet, ennemi de la monarchie et favorable à la révolution de 1848, fit de la Révolution française la première histoire républicaine dont le héros était le peuple. Alphonse Aulard, sous la IIIe République parlementaire, se concentrait sur les aspects parlementaires de la Révolution française. Albert Mathiez, socialiste radical devenu communiste, exaltait la personne de Robespierre et le Comité de salut public.

Le principe a continué de se vérifier après la leçon de Georges Lefebvre : avec la déstalinisation, l'ex-communiste François Furet récusa l'histoire jacobine d'une Révolution, et mit en doute sa nécessité historique.

Ainsi, au lieu de dominer l'Histoire depuis un trône supratemporel, chaque historien doit lui-même être considéré dans son contexte historique propre. Cette leçon devint capitale pour moi et valable non seulement pour tout historien, mais pour tout universitaire, tout philosophe, tout penseur. Plus tard, je prolongeai cette idée par la formule : « Pas d'observation valable sans auto-observation. » L'observateur doit à la fois s'auto-examiner et s'auto-situer.

Les deux leçons de l'Histoire que m'enseigna Georges Lefebvre furent pour moi inoubliables et inoubliées. Ce sont deux leçons de complexité. L'une montre que toute action dans un milieu incontrôlé ou comportant de l'aléatoire est soumise à des forces qui peuvent la détourner de son but ; l'autre que tout doit être contextualisé et historicisé, y compris le contextualisateur et l'historien.

Ce fut l'acquis principal de mon année en Sorbonne, qui s'acheva quand, menacé par la Wehrmacht, je quittai Paris pour Toulouse.

TROISIÈME LEÇON

L'improbable peut advenir

À l'université de Toulouse, en 1941, je suivis les cours d'un professeur en histoire ancienne très intéressant : André Aymard. Sous son enseignement, j'eus à méditer sur la résistance d'Athènes aux invasions perses puis sur la prise d'Athènes par Philippe de Macédoine.

Ce qui me frappa d'abord, c'est l'incroyable et improbable triomphe d'Athènes, petite cité grecque, durant l'invasion par le gigantesque Empire perse, lors d'une première victoire à Marathon en 490 avant notre ère. Puis Athènes triompha encore lors de la seconde invasion médique, dix ans plus tard, dans une ultime victoire navale à Salamine, où fut détruite la flotte perse.

Selon toute probabilité, Athènes aurait dû être engloutie, comme le furent les cités grecques d'Asie Mineure, par le tout-puissant et gigantesque Empire perse. Si Athènes avait été vaincue, n'auraient pas eu lieu, cinquante ans plus tard, l'instauration de la démocratie et la floraison de la philosophie socratique, platonicienne, aristotélicienne, c'est-à-dire les sources de la culture européenne. De façon irrésistible, il m'apparut ainsi que, plutôt que le probable, l'improbable pouvait advenir.

En 339 avant notre ère, Philippe de Macédoine vainquit les cités grecques coalisées et Athènes subit le joug macédonien. Or c'est à partir de ce désastre pour la démocratie grecque que son fils Alexandre le Grand put, au cours de ses conquêtes, faire rayonner la culture hellénistique sur une grande partie de l'Asie et l'Égypte.

La philosophie grecque se répandit et se prolongea notamment en Égypte (à Alexandrie), en Sicile et en Campanie. D'où le double aspect de la chute d'Athènes : négatif du point de vue démocratique mais positif par la diffusion de la culture grecque.

Ce fut là ma première grande découverte des ambivalences qui caractérisent souvent les grands événements historiques.

QUATRIÈME LEÇON

Les causes des événements historiques sont toujours multiples et enchevêtrées

André Aymard nous fit un autre cours qui m'impressionna. Il portait sur la chute de l'Empire romain. Je pensais, selon l'opinion courante, que les invasions barbares avaient causé l'effondrement de l'empire d'Occident. Ce que nous enseigna Aymard, c'est que, si les invasions avaient joué un rôle destructeur, il y avait aussi des facteurs internes à la chute : les crises et coups d'État, l'épuisement de la main-d'œuvre servile dans la *Pax Romana*, l'incapacité de Rome à développer un capitalisme, la généralisation du servage. La chute de Rome venait d'une confluence de causes internes et externes.

Aujourd'hui encore, de multiples théories très différentes s'affrontent, y compris une théorie climatique, mais je pense que c'est la conjonction complexe de facteurs multiples qui aboutit à l'épisode final, en septembre 476 : la démission du dernier empereur romain d'Occident. Parmi toutes les thèses, celle de Montesquieu avançant que les raisons de la grandeur et de la décadence de Rome sont les mêmes, c'est-à-dire qu'elles relèvent de l'extension démesurée de l'État, mérite l'attention par sa complexité.

Cet enchevêtrement de causes diverses constitue l'une des réalités historiques les plus frappantes.

Au cours de mon existence, j'ai été l'observateur attentif de l'Histoire en train de s'écrire pendant la Seconde Guerre mondiale, la guerre d'Algérie, la guerre de Yougoslavie, les guerres américaines en Irak, Libye, Afghanistan, et, enfin, au moment où j'écris, les guerres d'Ukraine et de Gaza.

Ces cent dernières années, que d'épisodes inattendus, voire imprévisibles : le pacte germano-soviétique de 1939 entre deux ennemis apparemment irréductibles, la résistance de Moscou et la contre-offensive libératrice en décembre 1941, la bataille de Stalingrad en 1942, le rapport Khrouchtchev, le putsch des généraux d'Alger de 1958, le retour de De Gaulle au pouvoir, le terrorisme islamiste, etc.

Or le souvenir de ces événements inattendus et surprenants s'anesthésie avec le temps. Les causes permettant de les expliquer se révèlent peu à peu et l'établissement d'une causalité a posteriori mène souvent à une forme de rationalisation. On oublie l'irrationalité des fanatiques d'Al Qaida et la destruction des deux gigantesques immeubles du World Trade Center pour tout réduire à une guerre de civilisations.

CINQUIÈME LEÇON

Les mythes ont une grande influence sur l'Histoire

Les religions nous montrent à quel point l'imaginaire et le mythe peuvent commander ou contrôler l'Histoire. À l'image du christianisme et de l'islam, devenus majoritaires par leur nombre de fidèles, les religions, présentes dans toutes les sociétés, sont des agents majeurs de l'Histoire.

Le christianisme, un tiers de l'humanité

Comme on le sait, les judéo-chrétiens, disciples de Jésus, furent persécutés voire exécutés par la Synagogue. D'autres durent fuir en Arabie. Saul, un oppresseur de ces judéo-chrétiens, fut illuminé par l'apparition du Christ sur le chemin de Damas. Il entendit la voix de Jésus lui demander : « Saul, Saul, pourquoi me persécutes-tu ? »

Saul, converti en Paul, fonda le christianisme par élimination des rituels et tabous religieux juifs, n'exigeant qu'une foi sincère en Jésus et le baptême. Ainsi, au cours de ses interventions dans les cités de l'Empire romain et dans ses épîtres, dont l'admirable Épître aux Corinthiens (« Aurais-je la foi qui soulève les montagnes, sans amour je ne suis rien »), il convertit non seulement des juifs, mais aussi des païens. Le nombre de chrétiens s'accrut progressivement.

L'époque était aussi celle de la floraison des religions à mystère, où un Dieu sauveur Se sacrifie pour le salut de Ses adeptes. Le christianisme, à l'origine, était minoritaire parmi ces religions à mystère, et persécuté parce qu'il niait les dieux romains.

Le christianisme progressa lentement dans toutes les classes de la société, y compris chez les esclaves (vu son caractère universaliste), jusqu'à la conversion de l'empereur Constantin en 312 à la bataille du pont Milvius, où sa victoire lui fut annoncée par l'apparition christique miraculeuse – « *in hoc signo vinces*[1] ».

Le christianisme ne fut pas seulement reconnu mais promulgué religion officielle. Puis tous les dieux et religions antiques furent éliminés. Seul le judaïsme, lui-même persécuté, fut sauvegardé à Rome par les papes, pour qui les prophètes de la Bible authentifiaient la venue du Christ.

Jésus et Marie semblèrent adoucir quelque peu le Dieu biblique, mais l'Église aurait tôt fait, dans sa persécution et sa destruction de tous les autres cultes, ainsi que dans l'Inquisition, de révéler une intolérance spécifiquement monothéiste, et ce jusqu'au XIXe siècle inclus.

Nul ne s'étonne aujourd'hui qu'une petite hérésie du judaïsme soit devenue la grande religion de l'Occident et d'une partie de ceux qu'il a colonisés et asservis, alors qu'aucune nécessité historique ne l'imposait.

On ne s'étonne guère non plus de la puissance d'une mythologie religieuse qui déclencha les croisades, qui fit humblement se soumettre un empereur

1. « Par ce signe tu vaincras. »

à un pape, qui suscita des guerres sanglantes entre religions issues d'un tronc commun, catholiques et protestants, qui persécuta des siècles durant les non-croyants réputés possédés par le diable.

L'islam et son dévoiement

La création de l'islam est non moins étonnante que celle du christianisme, et non moins inattendue. Il a fallu l'exil en Arabie des tribus judéo-chrétiennes pour que Mohammed (570-632) puisse sourcer l'islam sur la Bible (avec Abraham et Moïse) et intégrer Jésus comme prophète. Tout en découlant du judéo-christianisme, l'islam s'est fondé sur le Coran et les innombrables révélations divines faites par l'archange Gabriel au prophète Mohammed. Ce dernier, entouré de peu de disciples, fut chassé de sa ville, La Mecque, et se réfugia à Médine.

Là encore, une petite secte minoritaire se développa, surtout par le pouvoir des armes, conquit La Mecque, puis toute l'Arabie, et se répandit dans le monde entier.

L'islam, souvent violent dans ses origines et son histoire conquérante, se montra toutefois tolérant à l'égard des chrétiens et des juifs, dont il accepta les cultes mais qu'il réduisit au rang inférieur de *dhimmis*, un statut à la fois discriminatoire et protecteur. Ainsi, paradoxalement, le Dieu de tolérance chrétien fut longtemps intolérant alors que le Dieu d'intolérance musulman fut longtemps tolérant. Il est redevenu extrêmement intolérant aujourd'hui dans ses formes dévoyées, en Iran sous les ayatollahs, en Afghanistan sous les talibans, et un peu partout avec le djihadisme fanatique et meurtrier.

Parties de rien, ces deux religions sont prédominantes. Le christianisme compte aujourd'hui 2,5 milliards de fidèles (un tiers de la population mondiale) et l'islam, 1,6 milliard (un quart de la population mondiale).

Métamorphoses du judaïsme

Plus étonnantes encore sont les métamorphoses du judaïsme, la religion du peuple hébreu fondée par un mage égyptien, Moïse. La Bible elle-même indique que Moïse, élevé dans la cour de Pharaon, épousa la fille du grand prêtre de Midian, Jethro, que ses fils ne furent pas circoncis, sinon tardivement sur intervention divine. Une hypothèse plausible est qu'il était dépositaire du secret religieux d'une famille proche d'Akhenaton, le pharaon monothéiste qui imposa durant son règne le culte unique du Dieu Soleil. Moïse, incapable d'imposer sa conviction en Égypte, aurait choisi le petit peuple hébreu pour y prescrire le culte du Dieu unique – « Écoute Israël, Adonaï ton Seigneur est UN ».

Selon l'archéologue Israël Finkelstein dans *La Bible dévoilée*[1], il n'y a pas eu d'exode hors d'Égypte du peuple hébreu. Celui-ci s'est formé en Canaan et la Bible a été une compilation de récits et légendes. Cela rend encore plus étonnante la présence de Moïse l'Égyptien chez les Hébreux, dont il est devenu le guide, parfois contesté (c'est l'épisode du culte du veau d'or, pendant que

1. Israël Finkelstein et Neil Asher Silberman, *La Bible dévoilée. Les nouvelles révélations de l'archéologie*, Bayard, 2002.

Moïse recevait les Tables de la Loi sur le mont Sinaï).

Toujours est-il que le peuple hébreu élimina tous les autres dieux et, même vaincu, sauvegarda farouchement voire secrètement le culte du sien.

Ce dieu biblique qui deviendra chrétien puis musulman restera dans ces trois religions adoré et craint. Il ressent des colères terribles quand le genre humain le déçoit par désobéissance ou luxure : ainsi, il chasse Adam et Ève du jardin d'Éden, il décide d'éliminer l'humanité corrompue en déclenchant le Déluge, Noé seul trouvant grâce. Il détruit les cités dépravées de Sodome et Gomorrhe. Et pourtant ce dieu de terreur est loué comme un dieu de bonté.

Intégrée dans l'Empire romain, la Judée conserva sa religion monothéiste et monopoliste. Les juifs asservis se divisèrent en tendances : pharisiens, sadducéens, zélotes, esséniens. Les pharisiens contrôlaient la Synagogue et étaient les représentants de la religion mosaïque auprès des Romains. Jésus fut mis en croix sous leur pression et c'est leur intolérance qui causa l'élimination et la fuite des judéo-chrétiens en Arabie, épisode qui fut à l'origine de la mythologie biblique de l'islam.

Toutefois, ces Hébreux persécuteurs de tout autre culte que le leur furent persécutés à leur tour après le triomphe du christianisme, et ce durant des siècles. Ils furent accusés de déicide pour avoir provoqué la mort de Jésus, relégués dans des ghettos et à des métiers de second ordre tels que cordonniers ou tailleurs ; le prêt à intérêt étant interdit par l'Église, des juifs devinrent des usuriers. Ils furent pendant des centaines d'années l'objet d'accusations grotesques (le sacrifice d'enfants chrétiens pour en boire le sang lors de la Pâque juive) ou outrancières (une minorité pratiquant le commerce de l'argent, quand la masse des juifs était misérable ou pauvre).

Puis, lors des premières émancipations des peuples sous l'effet de la philosophie des Lumières, les nationalismes suscitèrent un nouvel antijudaïsme, dans le prolongement de l'ancien mais fondé sur la notion de race : l'antisémitisme. Alors que l'Allemagne et l'Angleterre se croyaient issues de la noble race aryenne, que la France se disait gauloise, les juifs constituaient pour les antisémites une race parasite infâme et prédatrice. Un racisme proprement français se développa à partir des écrits d'Édouard Drumont et de Charles Maurras, culmina avec l'affaire du capitaine Dreyfus, traître parce que juif. Le racisme, auquel s'opposa efficacement en France un universalisme humaniste démocratique, s'imposa en 1933 dans l'Allemagne hitlérienne, ce qui conduisit à la décision d'éliminer les juifs d'Europe, d'abord envisagée sous forme de déportations massives à Madagascar puis, après la première défaite d'Hitler en décembre-janvier 1941 sur le front de Moscou, sous forme de déportations à mort (décrétées lors de la conférence de Wannsee, le 20 janvier 1942) vers des camps spécifiquement construits pour exterminer. Les déportations vers Auschwitz-Birkenau commencèrent au printemps 1942, et Raul Hilberg, auteur de *La Destruction des juifs d'Europe*, estime le nombre total des victimes de la Shoah sous le nazisme à 5 ou 6 millions, dont 2,5 millions à Auschwitz-Birkenau.

Cependant, au tournant du XXe siècle, l'antisémitisme déchaîné lors de l'affaire Dreyfus amena l'Austro-Hongrois Theodor Herzl à abandonner tout espoir d'assimilation des juifs aux nations et à lancer l'idée du sionisme comme refuge, voire patrie, des juifs rejetés partout. L'implantation d'immigrants juifs, notamment russes et ukrainiens, en Palestine arabe commença avant la Première Guerre mondiale, au cours de laquelle lord Arthur Balfour reconnut le droit des juifs à jouir d'un foyer national.

En dépit de la volonté de certains juifs installés en Palestine d'entretenir de bonnes relations avec les Arabes du pays, il se développa, et particulièrement durant le protectorat anglais sur la Palestine, un double antagonisme, l'un entre juifs et Arabes, l'autre mené séparément par les juifs et les Arabes contre l'occupant anglais. Les attentats se multiplièrent de part et d'autre jusqu'à ce que le mandat britannique prenne fin, en mai 1948, et que soit proclamé un État d'Israël dans des frontières définies par l'ONU.

Les États arabes voisins s'efforcèrent alors d'éliminer l'État juif par la guerre, en 1948-1949. Israël en sortit vainqueur et élargit son territoire. Plus de 350 000 Palestiniens furent mis en fuite ou chassés, et simultanément la situation des juifs s'aggrava dans les pays arabes, provoquant l'émigration de plus de 600 000 juifs vers Israël. Puis, après la guerre des Six Jours, en 1967, la Cisjordanie et Jérusalem-Est, la péninsule du Sinaï, la bande de Gaza et le plateau du Golan passèrent sous contrôle israélien ; 750 000 Palestiniens furent à leur tour expulsés de leurs terres. Aujourd'hui, Israël occupe toujours la Cisjordanie, Jérusalem-Est, le Golan et la bande de Gaza. En 2023, le Haut-Commissariat des Nations unies aux droits de l'homme a constaté que 700 000 colons israéliens vivaient illégalement en Cisjordanie et à Jérusalem-Est.

Le 7 octobre 2023, l'attaque terroriste du Hamas a fait plus de 1 200 morts chez les Israéliens (dont environ 850 civils). La riposte israélienne sur Gaza a causé la mort de plus de 40 000 Palestiniens (civils et membres du Hamas).

Ainsi, par un nouveau renversement de l'Histoire, le peuple qui a le plus souffert de persécutions, d'offenses et de tueries, et finalement d'une entreprise d'extermination qui, sans la défaite allemande, aurait abouti, ce peuple persécuté est devenu une nation dominatrice, colonisatrice, persécutrice.

L'avenir étant sombre et incertain, rien ne saurait nous indiquer si les juifs d'Israël seront de plus en plus dominateurs et persécuteurs, si une pression extérieure assez forte pourrait leur faire abandonner la colonisation, ou encore s'ils seront, par un renversement inattendu de l'Histoire, à nouveau victimes et persécutés.

L'avenir d'Israël est très incertain. D'une part l'État est fortement soutenu par les États-Unis, bénéficie de l'appui des États occidentaux d'Europe ainsi que du soutien politique, moral et financier d'une importante partie de la diaspora juive dans le monde. C'est le bastion de l'Occident, sa forteresse au sein du monde arabe. D'autre part, une éventuelle décadence des États-Unis, une crise européenne, une résurgence de l'hostilité du monde arabe et même un conflit nucléaire pourraient fragiliser, voire menacer, son existence. La réalité d'Israël persécuteur n'a pas fait disparaître la possibilité du persécuté. Ainsi, Israël n'est pas isolé puisqu'il fait désormais partie de l'Occident, mais il est isolé parce que aux avant-gardes solitaires dans l'Orient.

Nous retrouvons donc ici le problème fondamental de l'incertitude du futur. Qui aurait pu deviner, un millénaire avant notre ère, ce qu'il adviendrait à la postérité du peuple hébreu ?

Une autre leçon à tirer de cette histoire est qu'il ne suffit pas d'avoir été persécuté pour ne pas devenir persécuteur. Cela est une vérité générale : nous pouvons l'appliquer à la Serbie qui, persécutée par l'Empire ottoman, persécuta les Bosniaques, aux Nigérians qui, victimes de la colonisation anglaise, maintinrent sous le joug après leur indépendance le peuple du Biafra, aux colonies espagnoles d'Amérique latine qui, avant même d'être émancipées de leur métropole, se sont montrées dominatrices, persécutrices, destructrices des peuples et cultures précolombiens.

SIXIÈME LEÇON

Le destin incroyable de la révolution russe

Mon dernier exemple du triomphe de l'inattendu et du rôle capital du mythe dans l'Histoire est celui de la révolution d'octobre 1917 en Russie.

La révolution fut d'une haute improbabilité. Le désastre des armées russes, la destitution du tsar, l'avènement du gouvernement social-démocrate d'Alexandre Kerenski n'avaient pu éviter le chaos. En 1917, le parti bolchevik était un petit groupe minoritaire. Les bolcheviks avaient la conviction marxiste que la révolution prolétarienne ne pouvait s'effectuer que dans un système capitaliste développé et, dans le cas de la Russie, seulement après la révolution bourgeoise.

Or Lénine, rentré d'exil, considéra que la guerre mondiale qui continuait allait mettre en crise tout le monde capitaliste et que la mission des bolcheviks était de prendre le pouvoir dans l'Empire russe pour y faire sauter le maillon le plus faible du capitalisme mondial et aider le prolétariat occidental – allemand, anglais, français – à faire sa révolution. Aussi, dans ses « Thèses d'avril » 1917, indiqua-t-il à la grande surprise de ses pairs du Bureau politique que la mission du bolchevisme était de s'emparer du pouvoir. Il mit du temps à convaincre ses collègues, mais son éloquence l'emporta. La révolution bolchevique n'obéit ainsi à aucun déterminisme historique mais à la seule intuition à la fois géniale et démente de Vladimir Ilitch.

Il semblait probable en 1917-1918 qu'elle fût vaincue par les révoltes de généraux rebelles, soutenus par l'Occident. Mais le génie stratégique du chef militaire improvisé de la révolution, Léon Trotski, la désunion de ses ennemis, l'exaltation farouche des révolutionnaires et la mise en œuvre de la terreur rouge aboutirent à la victoire des bolcheviks et à l'instauration de l'URSS, qui remplaça l'empire tsariste.

L'échec humain et moral du socialisme comme société égalitaire et fraternelle, patent dès les débuts de l'URSS, fut totalement masqué par l'idéologie. Puis sa considérable réussite économique dans l'industrialisation, sous l'impulsion de Staline, n'empêcha pas son échec sur le plan agricole. L'essentiel est que tout l'humanisme socialiste et communiste s'est vu bafoué par un régime devenu totalitaire, policier et inégalitaire. La réalité de l'URSS s'avéra bien différente de ce que proclamait son idéologie. La dictature du prolétariat fut en fait une dictature tentaculaire du Parti.

Le communisme soviétique, qui causa tant de morts, de cruautés, de mensonges, tout en constituant une force industrielle militaire et nucléaire formidable, semblait invulnérable et devoir durer indéfiniment.

Deuxième triomphe de l'inattendu : en 1991, ce régime s'effondra de lui-même après soixante-dix ans de pouvoir et fit place à un capitalisme dépassant celui qui avait été éliminé en 1917, à une pratique religieuse, pourtant réprimée par le régime, plus forte que jamais ; bref, l'échec historique le plus total. Toutefois, après un court entracte, la Russie retomba sous un despotisme hérité à la fois du tsarisme et du stalinisme.

Ici encore se vérifie l'écologie de l'action selon laquelle les intentions déclenchent des processus qui aboutissent au contraire de ce qu'elles avaient conçu.

SEPTIÈME LEÇON

La nation est une invention récente

Pensons aussi à la naissance des nations. La nation est aujourd'hui un phénomène universel et évident : la Terre est peuplée de nations. Toutefois, la nation naquit tardivement dans l'Histoire, et de façon singulière en Europe occidentale, lors de la transition du Moyen Âge vers les Temps modernes.

La nation espagnole prit consistance dans l'union de la Castille et de l'Aragon et dans la conquête de l'Andalousie longtemps occupée par les Maures.

La nation française se constitua par mariages royaux et annexions en une lente intégration, provincialisant les ethnies diverses de Bretagne,

Lorraine, Languedoc, Provence, etc., intégration en grande partie accomplie et célébrée lors de la grande fête de la Fédération du 14 juillet 1790.

La nation anglaise se développa dans son insularité par intégration des Saxons et des Normands.

Les nations allemande et italienne se formèrent sur le tard, au XIXe siècle, par lutte unificatrice, intégrant des États jusqu'alors distincts.

La nation russe se constitua dans sa résistance à l'ouest contre les Scandinaves et les Teutoniques, et à l'est contre les Tatars, dans un lent processus accéléré par Pierre le Grand et Catherine de Russie, et enfin par la résistance à l'invasion française de Napoléon.

Les nations de Serbie, puis de Yougoslavie, Bulgarie et Turquie se formèrent au XXe siècle, dans la désintégration de l'Empire ottoman. Alors que les nations euro-occidentales étaient polyethniques par lente intégration historique, les nations euro-orientales se voulurent mono-ethniques voire mono-religieuses, d'où des conflits qui ont provoqué la guerre de Yougoslavie, qui a vu se dissocier Serbie, Croatie et Bosnie.

Les nations d'Autriche, de Hongrie, de Tchécoslovaquie se formèrent après 1918, dans la dislocation de l'Empire austro-hongrois.

Enfin, les peuples colonisés d'Afrique et d'Asie se sont émancipés de leurs colonisateurs par des mouvements nationalistes qui ont formé en Afrique des nations innombrables (dispersion favorisée par les colonisateurs), et en Asie le Viêt Nam, la Thaïlande et le Cambodge.

Une partie des peuples émancipés après l'éclatement de l'URSS se sont également formés ou reformés en nations : Géorgie, Arménie, Azerbaïdjan, Ouzbékistan, etc.

Alors que dans l'Antiquité la planète a surtout compté des empires et des cités, l'essor de l'Occident européen a fait naître la nation, dont la formule s'est amplifiée dans trois nations empires qui dominent le monde et contrôlent, voire asservissent, des peuples : la Chine, la Russie et les États-Unis.

Cela fait obstacle à toute possibilité de confédération planétaire qui intégrerait les nations dans une Terre-Patrie.

Alors qu'aujourd'hui, au cœur même de la mondialisation, les nations, y compris impériales, sont les réalités fortes et cohérentes des sociétés humaines, qui eût pu penser, avant leur naissance au XVe siècle et jusqu'au début du XXe siècle, à leur essor universel ?

HUITIÈME LEÇON

La rationalité de l'Histoire n'est souvent qu'une post-rationalisation

Le regard sur l'Histoire est tiraillé entre deux vérités contradictoires, que peu d'historiens se risquent à assumer ensemble : celle du caractère rationnel des processus historiques, notamment économiques, et celle de l'irrationalité – *sound and fury*[1] – et du rôle majeur des « grands hommes » qui impriment leur marque personnelle non seulement sur leur temps mais aussi sur une longue durée. Ainsi Alexandre le Grand anéantit-il l'Empire perse, conquit-il l'Égypte et une partie de

1. « *Life […] is a tale / Told you by an idiot, full of sound and fury, / Signifying nothing.* » (« La vie […] est une histoire dite par un idiot, pleine de bruit et de fureur, et qui ne signifie rien. ») William Shakespeare, *Macbeth*, acte V, scène 5 (1623).

l'Asie, changea-t-il le monde antique en y introduisant la civilisation hellénistique. On peut aussi évoquer Napoléon, dont la grande carrière commença avec la géniale première campagne d'Italie, se poursuivit avec le triomphe sur les monarchies européennes coalisées dans d'inoubliables victoires, pour aboutir à la campagne de Russie, dont l'échec contribua à sa chute.

La tendance rationalisatrice s'est particulièrement affirmée en France avec l'école des Annales animée par Lucien Febvre, Marc Bloch puis Fernand Braudel. Le mérite de cette école fut de mettre en relief les déterminants économiques, sociaux, voire idéologiques : ainsi, dans son *Rabelais*[1], Lucien Febvre soutient-il que, dans les conditions de son époque, Rabelais ne pouvait être athée. Ne peut-on pourtant pas penser qu'il y a bien une possibilité d'athéisme dissimulée dans toutes les époques croyantes ?

Le défaut des Annales fut de négliger le rôle des événements et des fortes personnalités. Je

1. Lucien Febvre, *Le Problème de l'incroyance au* XVIe *siècle. La religion de Rabelais*, 1942 (Albin Michel, 2003).

fus un propagandiste du retour de l'événement dans l'Histoire en organisant un numéro de ma revue *Communication* sous ce titre, et j'obtins le ralliement d'un certain nombre d'Annalistes à ma thèse. J'y rappelais que l'univers physique est soumis à d'innombrables événements comme des collisions d'étoiles, la formation de trous noirs, que l'histoire de la vie comporte des événements eux-mêmes innombrables tels que la formation d'espèces et les interactions entre les écosystèmes, et qu'il était donc absurde de ne pas prendre en compte les événements de l'histoire humaine, non moins innombrables que dans le monde physique et dans le monde vivant.

J'avais par ailleurs consacré quelques études à des événements comme mai 1968 ou la rumeur d'Orléans, en veillant à n'occulter ni leur irrationalité ni leurs causalités rationnellement concevables.

Du reste, j'avais introduit dans mon esprit durant les années 1960-1970 la conception d'Adorno et Horkheimer qui montrait que la raison pouvait devenir l'instrument d'une activité non seulement irrationnelle mais aussi démente.

Ainsi, une organisation rationnelle alliée à la rationalité industrielle fut mise au service d'une entreprise d'extermination des Juifs d'Europe.

Plus largement, la rationalité des sciences et des techniques est amplement mise au service des guerres.

La rationalité de l'Histoire ne tient pas au fait qu'elle connaisse des moments « raisonnables », elle tient aux déterminismes économico-sociaux qui y sont présents. Mais ils n'y sont pas tout-puissants, et l'importance de leur rôle est parfois difficile à concevoir. Ainsi, pour revenir à la chute de l'Empire romain, il n'est pas aisé de mesurer l'importance relative de ses carences économiques par rapport à celle des crises politiques militaires et des invasions barbares.

Mais, surtout, on ne peut échapper à l'idée que les guerres produisent l'Histoire autant que l'Histoire produit les guerres.

À examiner les guerres, dévastations et massacres qui ont ravagé et détruit des civilisations entières depuis le début des temps historiques comme l'a fait Gaston Bouthoul dans son *Traité de polémologie*[1], on ne peut considérer le bruit et la fureur comme des phénomènes marginaux, mais au contraire reconnaître cette irrationalité barbare sans cesse renouvelée dans le cours de l'Histoire.

Souvent, ce que l'on a cru rationalité de l'Histoire n'était que rationalisation a posteriori.

1. Gaston Bouthoul, *Traité de polémologie. Sociologie des guerres*, 1970 (Payot, 1991).

NEUVIÈME LEÇON

Les destructeurs sont aussi parfois de grands civilisateurs

Les barbares romains ont rasé Carthage, Numance, massacré les Corinthiens, ravagé la Grèce. Mais, après avoir intégré la culture grecque dans la culture romaine, ils devinrent de grands civilisateurs. Rome est ainsi devenue la civilisatrice de la Gaule et de l'Orient européen – byzantin après la chute de Rome.

Le poète latin Horace écrit dans ses *Épîtres*, au Ier siècle avant notre ère : « La Grèce vaincue conquit son farouche vainqueur. » Les Romains méprisaient les Grecs, qu'ils avaient battus sur les champs de bataille, mais ils admiraient profondément leur culture. Une invasion peut aboutir à la symbiose créatrice d'une nouvelle civilisation.

L'invasion de la Gaule par Rome a créé une entité gallo-romaine elle-même transformée par l'invasion des Francs puis la formation, à partir d'un petit royaume capétien, d'une nouvelle civilisation qui sera celle de la France.

DIXIÈME LEÇON

Rien n'est plus humain et plus inhumain que la guerre

La création des outils de chasse, lances, flèches, a favorisé le caractère meurtrier des guerres entre sociétés humaines. *Homo faber* a travaillé pour *Homo demens*.

Ces guerres sont limitées et ritualisées chez les chasseurs-cueilleurs. La sédentarité agricole va faire de la récolte des paysans une proie pour les nomades prédateurs. Les paysans seront à la fois protégés et asservis par ceux qui les domineront.

La guerre révèle les héros qui résistent à la peur, mais aussi les lâches qui y cèdent. Elle dit l'obéissance quasi moutonnière des troupes envoyées à la boucherie, et parfois la révolte de ces mêmes troupes contre leurs chefs.

L'éducation militaire est elle-même révélatrice de la part de robotisation que l'on impose à un être humain. La discipline, les gestes automatisés du garde-à-vous, du présentez-armes, la marche au pas cadencé ont pour fonction de faire du soldat un automate obéissant. Il en va de même pour l'ouvrier spécialisé sur machines, condamné aux mêmes gestes automatiques, ce que parodièrent avec génie René Clair dans *À nous la liberté* (1931) et Charlie Chaplin dans *Les Temps modernes* (1936).

Rien n'est à la fois plus humain et plus inhumain que la guerre.

ONZIÈME LEÇON

Un seul individu peut changer le cours de l'histoire mondiale

L'Histoire est une combinaison de forces anonymes, d'événements décisifs et d'interventions non moins déterminantes d'individus investis d'autorité : empereurs, chefs, rois, généraux, ministres, voire rebelles ou régicides.

Les temps de crise et les guerres favorisent l'apparition de grands hommes, de grandes femmes, ou du moins de personnalités dont les virtualités (qui sans cela seraient restées latentes) s'actualisent de façon exceptionnelle. Ces grands personnages, dont l'apparition est causée par des événements historiques, causent ensuite eux-mêmes des événements historiques. Ils modifient l'Histoire en stratèges, le plus souvent militaires ou politiques.

La France est riche de personnages qui ont modifié son histoire. Le plus extraordinaire est Jeanne d'Arc. Bergère ou non, elle a été investie de la mission du salut de la France par des voix angéliques. Cette Pucelle s'est faite chevalier et chef d'armée. Sans Jeanne d'Arc, peut-on concevoir le sacre à Reims du petit roi de Bourges et la libération de la France du joug anglais ?

Sans la Révolution, Robespierre serait resté un avocat de province, Saint-Just un auteur de poèmes érotiques.

Qui, en 1789, aurait pu penser qu'un petit lieutenant de l'armée royale, passé à la République, deviendrait le général des géniales campagnes d'Italie ? Qui, même après ces victoires, aurait pu penser que ce général corse deviendrait empereur des Français et dominerait l'Europe pendant quinze ans ?

Si Churchill n'avait pas été nommé Premier ministre en remplacement du frêle Chamberlain, à la suite de la défaite anglaise en Hollande et Belgique, le Royaume-Uni aurait probablement accepté les propositions de paix d'Hitler, laissant ce dernier devenir maître de l'Europe. L'énergie de Churchill lui fit poursuivre la guerre dans les pires conditions, il ne put promettre au peuple britannique que de la sueur, du sang et des larmes.

La personnalité de De Gaulle ne fut-elle pas décisive par trois fois dans l'histoire de France ? La première fois lorsqu'il stimula la Résistance par l'appel du 18 juin 1940, puis l'organisa avec la création du Conseil national de la Résistance et du Comité français de libération nationale d'Alger.

La deuxième fois lorsqu'il obtint des Alliés la présence de la France auprès des trois grands pays responsables de la capitulation de l'Allemagne en mai 1945.

La troisième fois lorsque, rappelé sous la pression du putsch d'Alger en 1958, il entreprend, contre la volonté des généraux, de négocier l'indépendance de l'Algérie. Menacé par un nouveau putsch qui, s'il avait réussi, aurait fait subir à la France une dictature analogue à celle de Franco ou des colonels grecs, de Gaulle sauvegarda la démocratie. Finalement, plutôt que de rester accroché au pouvoir, il démissionna en 1969, après l'échec du référendum qu'il avait proposé.

Alors que tant de chefs, rois, dictateurs se laissent emporter par la mégalomanie et les excès de l'hybris, de Gaulle résista à toutes les tentations de la dictature.

Mégalomanie, la maladie du pouvoir

L'exercice d'un pouvoir non contrôlé, comme ce fut le cas pour les rois et tyrans de l'Histoire, peut soit favoriser les pulsions les plus autoritaires et cruelles de celui qui en jouit, soit au contraire permettre à son possesseur de développer des dons et qualités qui sans cela seraient demeurés virtuels. L'histoire romaine est riche de tyrans et de héros : Auguste, Néron, Caligula, Marc Aurèle sont autant de variations dans l'exercice du pouvoir.

Mais s'il y en eut peu, certains chefs étaient dotés de sagesse et de tempérance, comme Périclès ou Marc Aurèle. En revanche, ni Alexandre, ni Napoléon, ni Hitler ne surent inhiber leur mégalomanie, laquelle est la maladie spécifique du pouvoir. Staline fit exécuter tous ses compagnons de la révolution d'Octobre et assassiner au

Mexique l'exilé Léon Trotski, qui avait pourtant fait triompher l'Armée rouge sous la révolution.

Le pouvoir absolu rend parfois criminel ou fou, ce fut le cas de Néron ou de Caligula, ce qu'illustre bien la pièce de Pedro Calderón de la Barca *La vie est un songe* (1635), qui évoque l'irrésistible puissance qui transforme un captif libéré en tyran.

La tendance à la divinisation des rois ou chefs est un des aspects de la mégalomanie du pouvoir. Pharaons, empereurs romains furent divinisés. Bien des monarques furent reconnus de droit divin, c'est-à-dire consacrés par Dieu, comme Louis XIV, l'empereur d'Autriche ou le tsar de Russie.

Mussolini, Staline, Hitler, Mao ont organisé leur propre culte et ont été quasiment divinisés. Aussi faut-il voir dans le Puissant Chef tantôt un génie créateur ou transformateur, tantôt un mythomane et mégalomane. Les deux peuvent coexister ou se succéder en un même personnage.

Le Puissant Chef porte en lui et réalise en comportement et en actes les virtualités anthropologiques multiples et contradictoires de la rationalité et du délire, de la sagesse et de la folie, de l'égocentrisme exacerbé et de l'altruisme le plus généreux, de la cruauté à la magnanimité.

Une mention spéciale doit être décernée à ceux qui libérèrent leur pays d'une oppression dont ils étaient les exécutants ou les héritiers. Ainsi en fut-il de Gorbatchev, secrétaire général du parti communiste, qui fut, en dépit d'ultimes répressions dans les pays Baltes, l'artisan de la fin de soixante-dix années de dictature. Quant à Juan Carlos, promu par Franco roi d'Espagne et destiné à poursuivre sa dictature, il instaura une démocratie qui dure encore.

Anatomie du pouvoir

Une des leçons de l'Histoire est de faire comprendre de quelle façon le pouvoir est révélateur de la nature humaine et permet aux pires comme aux meilleures virtualités de se réaliser. Il autorise la vengeance, les mises à mort arbitraires, mais aussi la magnanimité et le pardon.

Le pouvoir forme et transforme des personnalités, ces personnalités forment et transforment le pouvoir, Robespierre instaurant la Terreur ou Bonaparte devenant l'empereur Napoléon.

Le pouvoir est débile dans les mains de personnalités faibles, il devient créateur entre les mains de personnalités fortes.

Il incite aux conquêtes et aux guerres. Parfois il anime une volonté de puissance impitoyable, comme celle de Gengis Khan, qui ravagea l'Asie et anéantit Babylone.

Mais les grandes personnalités que suscitent les crises et les guerres, puis qui elles-mêmes suscitent crises et guerres, finissent, si elles se laissent emporter par l'hybris, dans le désastre et la mort.

Ajoutons que le pouvoir est un nid d'intrigues et de complots où se préparent assassinats ou coups d'État pour abattre le souverain. La soif de pouvoir est une aspiration obsessionnelle qui peut conduire au crime et à la folie.

Le pouvoir peut être une source d'aveuglement si celui qui le possède ignore les situations critiques dont ses courtisans n'osent l'informer. Il est aussi le lieu des grandes décisions, géniales ou stupides, qui contribuent soit à la gloire soit à la chute du souverain, soit au triomphe soit au désastre d'une nation. Ainsi en fut-il de Napoléon III qui, aveuglé par une manigance de Bismarck (la dépêche d'Ems, en 1870), déclara la guerre à la Prusse, ce qui aboutit à sa déchéance et à une défaite désastreuse de la France.

Ainsi, les grands hommes apportent à l'Histoire non seulement des contributions transformatrices, créatrices, destructrices, mais aussi de l'inattendu qui détourne le cours des événements et de l'Histoire elle-même.

DOUZIÈME LEÇON

Les héros et les saints

C'est également dans et par l'Histoire que nous apparaissent les qualités exceptionnelles des héros et des saints.

Les héros sont des combattants particulièrement valeureux, comme Léonidas aux Thermopyles, comme le jeune Bara, comme tant de poilus de 1914-1918 acceptant les missions les plus périlleuses, se sacrifiant pour sauver leurs camarades, ou comme les résistants risquant quotidiennement leur vie.

Les héros se manifestent au cours des guerres et des révolutions, les saints se manifestent dans l'action compassionnelle auprès des miséreux et des souffrants.

Ainsi, les saints qui m'intéressent ne sont pas ceux qui sont reconnus comme tels par leur religion pour leur immense piété ou le martyre subi pour leur foi, mais ces hommes ou femmes, avec ou sans soutane, qui vouent leur vie à autrui, et en particulier aux misérables.

J'ai connu une sainte, Mme Barré, mère de mon ami Henri Luce, femme toute dévouée aux siens, d'une bienveillance et d'une générosité extrêmes, dont la bonté était reconnue par tous ceux qui l'approchaient.

Il est des saints dans toutes les nations et toutes les cultures. Gandhi, qui voua sa vie aux malheurs de son peuple, fut un saint. Les saints attestent les plus grandes vertus humaines – bonté, générosité, amour d'autrui –, qui en général sont sous-employées ou inhibées par les égoïsmes.

Les saints sont comme des témoignages du meilleur de l'humanité dans le chaos et les ténèbres de l'Histoire.

TREIZIÈME LEÇON

Il n'est qu'un pas de l'enthousiasme à la révolte

Les humains sont soumis aux ballottements, turbulences et aléas de l'Histoire. Mais ils peuvent se révolter, se transformer au sein d'un être collectif qu'est la foule, soit en panique, soit en rébellion, soit en fureur, et devenir déments au sein d'une démence.

Les conditions historiques de crise ou de guerre sont favorables à d'étonnantes transformations de mentalité ; ainsi, en 1914, les masses socialistes de France et d'Allemagne, pacifistes et internationalistes, sont subitement entrées dans l'Union sacrée belliqueuse de leurs nations respectives. Patriotisme et nationalisme ont englouti le pacifisme et l'internationalisme. Il a fallu quatre années de massacres et plusieurs millions de morts pour qu'apparaissent l'horreur de la guerre et la conviction que la Première Guerre mondiale serait la dernière de toutes, la « der des der ».

Après le conflit, la population française semblait avoir acquis la démocratie parlementaire. La gigantesque crise économique de 1929 suscita une crise politique au cours de laquelle la démocratie fut violemment contestée par une droite nationaliste (émeutes du 6 février 1934), puis, d'une part, par le fascisme sous sa forme mussolinienne ou nazie, et d'autre part par le communisme stalinien, qui apparurent comme des options salvatrices pour de larges secteurs des populations.

Si une majorité de gauche, formée par une union entre les deux ex-ennemis socialisme et communisme, put gagner les élections en 1936 et former un gouvernement de Front populaire, elle fut ébranlée et fissurée par les accords de Munich avec l'Allemagne nazie. Puis son approbation au pacte germano-soviétique mit le parti communiste hors la loi. Finalement, c'est l'assemblée issue du Front populaire qui vota les pleins pouvoirs au maréchal Pétain, lequel abolit la République.

« *La donna è mobile* », chante le duc de Mantoue dans l'opéra *Rigoletto* de Giuseppe Verdi (1851). *Ma anche l'uomo è mobile*[1].

Rappelons que la majorité qui votait socialiste en Italie après la Première Guerre mondiale s'est désintégrée sous l'avènement du fascisme, que les masses socialistes et communistes se convertirent pour bonne partie au nazisme.

Mussolini et Hitler furent idolâtrés pendant leur domination, puis Mussolini subit la mort et son cadavre fut ignominieusement accroché à des crocs de boucher. Hitler se suicida dans son bunker, sous le grandiose palais présidentiel qu'il avait fait édifier.

L'histoire des nations montre que les peuples peuvent, selon les conditions, passer de l'enthousiasme à la révolte ou de la révolte à l'enthousiasme.

1. « La femme est changeante. » Mais l'homme aussi est changeant.

QUATORZIÈME LEÇON

La réalité historique de l'imaginaire

L'imaginaire fait partie de la réalité humaine, pas seulement dans les rêves, éveillés ou non, et les arts : il nourrit aussi les mythes et religions qui, on l'a vu, jouent un rôle historique déterminant.

Les sociétés humaines ont toutes créé des mythes ou pratiqué des religions. Il faut tout d'abord s'interroger sur la réalité des dieux : non seulement ils sont réels pour leurs fidèles, mais ils leur sont infiniment supérieurs, ils exigent d'être obéis, adorés, que l'on tue ou meure pour eux. Ces créatures gigantesques, à commencer par le Dieu unique des monothéismes, créateur et souverain de l'univers, donc de la vie et de l'humanité, sont pourtant les produits de l'esprit humain. Ces produits de l'esprit humain deviennent les maîtres de l'esprit humain contraint de leur obéir sous peine de mort, de supplice et de damnation. Il y a là un paradoxe inouï dont on ne cessera jamais de s'étonner : que le Créateur soit une créature née de l'esprit humain.

Le Dieu unique du monothéiste est exclusif et excluant par nature. Il va jusqu'à déclencher par l'intermédiaire de ses interprètes des guerres saintes de religion comme celles de l'islam conquérant, celles des croisades, et même des guerres entre deux branches d'un tronc commun religieux, protestants et catholiques, sunnites et chiites.

Ces dieux jaloux éliminent les impies, les apostats, leurs interprètes non orthodoxes qualifiés d'hérétiques. L'Inquisition supplicie les juifs convertis soupçonnés de judaïser en secret et les châtie par le bûcher.

Les polythéismes reconnaissent des dieux multiples qui chacun représentent une force de la nature ou une passion humaine, ne citons que Vénus pour l'amour. Les dieux et déesses interviennent dans les affaires humaines ainsi que dans les conflits, en prenant parti dans les combats.

Les idées sont, comme les dieux, des produits de l'esprit humain qui prennent possession de ces esprits.

Elles sont organisées et elles organisent le réel sous forme de théories qui, même en sciences, peuvent devenir dogmatiques, exclusives et autoritaires, et également sous forme d'idéologies, ensembles de notions obéissant à une idée maîtresse.

Elles jouent un rôle si important que certains historiens ont avancé que ce sont les idées qui guident l'Histoire, comme l'idéologie raciale d'Hitler ou l'idéologie de la romanité du fascisme mussolinien.

Les idéologies sont asservissantes, mais des idées peuvent être émancipatrices, comme la trinité républicaine : Liberté, Égalité, Fraternité. Cependant, les mots peuvent perdre leur sens vivant, et leur force émancipatrice peut finir par s'endormir ; alors les mots deviennent de simples paravents. Les idées qui devraient traduire ces réalités servent souvent à les masquer.

L'imaginaire intervient sans cesse dans l'Histoire. Il est actif, meurtrier dans les religions qui conquièrent ou s'affrontent, de même que dans les mythologies nationalistes. N'oublions pas que la notion de patrie est de substance paternelle-maternelle et que la défense ou la gloire de la patrie sont de puissants acteurs historiques.

Les croisades ont deux moteurs : le mythe et l'appât du gain.

Les idées peuvent être aussi puissantes que les dieux. L'idée de révolution et celle de communisme, liées au cours du XXe siècle, ont suscité des millions d'adeptes, fidèles, serviteurs et fanatiques. Elles ont pu résister à tous les démentis de la réalité pendant des dizaines d'années. Lénine disait « les faits sont têtus[1] », ignorant que les idées le sont encore davantage.

Les idées peuvent guider des transformations historiques, et même animer les esprits pour leur faire accomplir des actes historiques importants, voire décisifs ; ainsi, l'idée de progrès a semblé guider le cours de l'histoire occidentale aux XIXe et XXe siècles.

On ne peut séparer la Révolution française des Lumières qui l'ont précédée. De grands écrivains

1. Vladimir Ilitch Lénine, « Lettre aux camarades », 1917.

comme Honoré de Balzac ou Victor Hugo ont apporté un éclairage à l'histoire contemporaine de leur nation. Un auteur comme Soljenitsyne a joué un rôle libérateur en URSS.

C'est ainsi que les idées et l'imaginaire ont parfois agi sur l'Histoire et souvent interagi avec l'Histoire.

QUINZIÈME LEÇON

Le progrès matériel ne s'accompagne d'aucun progrès moral

L'idée que le progrès est la Loi suprême de l'Histoire s'est imposée au cours du XIXe siècle. Elle a été clairement formulée par Condorcet, adoptée par l'Occident comme vérité de l'Histoire, puis s'est répandue sur le monde.

Si l'on considère le développement humain, il y a depuis la formation préhistorique des premiers outils un progrès des techniques, comportant certes des discontinuités, mais qui est incontestable, s'accélère et s'amplifie du XIXe siècle à aujourd'hui, notamment avec l'intelligence artificielle.

Pourtant, le paradoxe est que non seulement le progrès matériel ne s'accompagne d'aucun progrès moral, mais aussi que les innombrables connaissances qui se multiplient demeurent séparées et cloisonnées, sans conduire à une pensée capable d'affronter les problèmes humains fondamentaux.

Bien des techniques sont utilisées en faveur de la servitude, voire de génocides, et dans les tueries et les guerres qui sévissent encore dans la plus grande cruauté. C'est le progrès scientifique et technique qui a permis Auschwitz, Hiroshima, Gaza.

Les pensées unilatérales, sectaires, fanatiques redeviennent hégémoniques.

Et, surtout, on peut constater en 2025 que l'humanité est entraînée vers une grande régression par l'ensemble des crises écologiques, politiques, économiques ; on peut se demander si les guerres qui s'aggravent ne conduisent pas sinon à une troisième guerre mondiale, du moins à des désastres dont le progrès est coauteur.

L'Histoire, à partir de petites sociétés archaïques de chasseurs-cueilleurs, a progressé en créant des sociétés de plus en plus complexes. Au cours des siècles, les puissances scientifiques, techniques, économiques ont suscité de plus en plus de bien-être et de bien-vivre pour la partie privilégiée de leur population. Mais, fait extraordinaire, deux guerres mondiales, des massacres de masse, Hiroshima ou des fanatismes délirants n'ont ébranlé que provisoirement cette croyance en le progrès qui s'est imposée à nouveau lors des Trente Glorieuses. Cette nouvelle ère de développement de la société de consommation et de bien-être, réservée à une part croissante mais partielle de la population, a créé une amélioration fragile. Une forme d'industrialisation de la vie s'est opérée dans les programmes, la chronométrisation, la réduction à l'économie de tout ce qui est humain, et l'on a oublié l'affectivité, le bonheur, le malheur, la joie, la tristesse, c'est-à-dire les réalités humaines essentielles.

Les progrès techniques incontestables s'accompagnent de déficiences et de carences morales.

Enfin, il y a toujours ambivalence : la progression d'un secteur constitue une régression pour un autre, et les nouvelles vertus compensent parfois mal les vertus perdues.

Et le progrès moral?

La croyance dans le progrès s'est atténuée lorsque est apparue la conscience que le progrès scientifico-technico-économique tendait vers la dégradation écologique de la planète, mais aussi la dégradation de sociétés et de civilisations humaines. Alors que le sida puis la Covid révélaient l'impuissance de la science à éliminer les virus, partout sévissaient une crise de la démocratie et des crises de civilisation.

Pourtant, il est incontestable que des progrès scientifiques et techniques se poursuivent sans cesse, comme les manipulations d'ADN et de cellules souches en biologie, ou les développements exponentiels des sciences du numérique.

Aussi, alors que la planète est livrée à des processus régressifs qui semblent implacables avec l'hégémonie du profit, les dégradations écologiques, les guerres et les crises multiples liées en une polycrise, une élite technocratique californienne a ressuscité puis mondialisé une croyance en le progrès fondée sur les succès des sciences. Cette idéologie promet à la fois l'immortalité, une société parfaite régulée par l'intelligence artificielle, et la continuation de l'aventure humaine sur des planètes colonisées, à commencer par la Lune et Mars : le transhumanisme devenant le posthumanisme.

Mais il apparaît encore que seule une minorité privilégiée pourrait bénéficier du transhumanisme (encore que l'immortalité humaine soit un mythe irréalisable dans un système solaire et un univers eux-mêmes mortels), laissant végéter voire éliminer le reste de l'humanité.

Plus amplement, c'est le progrès lui-même qui porte en lui une tache sombre ou un trou noir : non seulement l'absence de tout progrès moral dans le progrès historique scientifico-technico-économique, mais aussi les énormes régressions morales dans les crises et les guerres, y compris actuelles. Il apparaît que le vrai progrès dont aurait besoin l'humanité serait celui de la compréhension humaine, de la bienveillance, de la solidarité, de l'amitié, alors que dans ce domaine il n'y a eu que des progrès partiels et provisoires dans une régression généralisée.

L'intelligence et la pensée sont elles-mêmes en crise, comme nous l'avons déjà vu, dans le règne des connaissances disciplinaires séparées arbitrairement et dont l'association permettrait de traiter les problèmes fondamentaux et globaux avec une pensée complexe.

Les ambivalences du progrès

En somme, si l'on considère l'Histoire, tout progrès apporte ses ambivalences et ses contradictions.

Ainsi, le progrès que constitua l'agriculture, qui remplaça les chasseurs-cueilleurs semi-nomades par des paysans, fut très utile dans les régions non giboyeuses et apporta la possibilité de faire des réserves, notamment en riz, céréales, lentilles. Mais l'agriculture était sujette aux incertitudes climatiques, par exemple durant les périodes de sécheresse, elle rendit les paysans plus dépendants des aléas que les chasseurs-cueilleurs ; elle rendit les communautés agricoles vulnérables aux nomades pillards, comme le montre Akira Kurosawa dans son film *Les Sept Samouraïs* (1954), et finalement asservies aux pouvoirs urbains qui se développèrent en se nourrissant des produits de l'agriculture.

La ville constitua un énorme progrès qui permit le développement de multiples métiers et techniques, de commerces puis d'industries, d'adduction d'eau, de confort.

Elle devint source de richesses mais aussi de misère, de pouvoir et d'asservissement. On put, au début du XXe siècle, chanter la Ville lumière mais aussi déplorer la ville tentaculaire.

Le progrès porte son lot d'ambiguïtés et de régressions : déclin des solidarités et des communautés au profit des égoïsmes.

SEIZIÈME LEÇON

Les guerres sont un concentré d'aléas et de déterminismes

La Première Guerre mondiale naquit d'un processus en chaîne à partir de l'assassinat de l'archiduc héritier d'Autriche à Sarajevo, capitale d'une Bosnie-Herzégovine slavo-musulmane annexée par l'Autriche en 1908, par un fanatique serbe. L'événement suscita un ultimatum de l'Autriche à la Serbie, ce qui entraîna la mobilisation russe et déclencha le conflit européen, puis les révolutions russes en 1917, ainsi que l'intervention américaine la même année, la fin des hostilités en novembre 1918, et près de 20 millions de morts au total.

Certes, les puissances européennes étaient sur le pied de guerre en 1914, l'Allemagne avait des intentions de conquête au nord, la France de revanche pour l'Alsace-Lorraine, mais nul ne songeait à une guerre longue et généralisée. Elle fut faite de batailles à l'issue aléatoire : ainsi en fut-il de la bataille de la Marne, en 1914, qui empêcha l'invasion de la France grâce à la stratégie du général Joffre et à l'intervention des taxis parisiens pour transporter des troupes de la capitale vers le champ de bataille. La résistance de Verdun fut salvatrice pour la France, mais l'échec de l'offensive du général Nivelle, en 1917, constitua un désastre. Finalement, l'intervention américaine et l'utilisation par la France des premiers chars de combat apportèrent la victoire alliée.

Le traité de Versailles, destiné à assurer une paix durable, fut toutefois une des causes de la Seconde Guerre mondiale, puisqu'il priva l'Allemagne de territoires et de ressources économiques.

La crise économique mondiale de 1929, déclenchée à Wall Street, totalement inattendue, fit subir à l'Allemagne, première puissance industrielle d'Europe, les ravages d'un chômage massif. C'est dans ces conditions que le petit parti nazi put acquérir une importance parlementaire qui suscita la nomination d'Hitler comme chancelier du Reich par le président Hindenburg en 1933.

La Première Guerre mondiale a été l'accoucheuse des partis uniques totalitaires monopolisant tous pouvoirs, en URSS notamment, où le parti bolchevik, après avoir éliminé anarchistes et socialistes révolutionnaires, devint en fait et en droit le dirigeant absolu de l'URSS.

Hitler imposa la dictature de son parti en éliminant tous les autres partis de la vie politique.

Au cours des années 1933-1939, le nazisme et le communisme stalinien se combattirent d'une façon qui sembla irrémédiable. Mais le pacte de Munich, en 1938, dans lequel la France et le Royaume-Uni laissèrent liberté à l'Allemagne d'occuper les monts Sudètes de Tchécoslovaquie, puis toute la Tchécoslovaquie, et ensuite l'échec de négociations entre l'URSS et la France et le Royaume-Uni (qui en cas d'invasion de la Pologne par l'Allemagne refusaient que les armées soviétiques entrent en Pologne), tout cela déclencha l'événement stupéfiant que fut le pacte germano-soviétique de 1939. Il réservait à l'URSS une part de la Pologne, comportait des clauses d'aide économique à l'Allemagne.

Il a amené Joseph Staline à renvoyer à Hitler les communistes allemands qui avaient trouvé refuge en URSS : ils furent directement envoyés en camps de concentration.

Il y eut aussi cet épisode étonnant que l'ambassadeur du Japon à Moscou consigna dans ses Mémoires. Pendant la signature du pacte germano-soviétique entre Molotov et Ribbentrop, Staline se rapprocha insensiblement de l'ambassadeur allemand (auprès de qui se trouvait l'ambassadeur du Japon) pour lui murmurer : « Et dites à votre Führer que j'approuve sa politique à l'égard des juifs. »

Tout semble indiquer que le méfiant Staline avait confiance en Hitler. Il négligea les indications de son espion Richard Sorge au Japon, mais aussi celles de Churchill sur l'imminence d'une invasion hitlérienne, et ne prit aucune mesure préventive.

Pire, il avait lui-même décapité le meilleur de l'Armée rouge en faisant exécuter le maréchal Toukhatchevski et une pléiade d'autres généraux dès 1937. Et l'URSS sembla condamnée quand l'armée hitlérienne, faisant des prisonniers par millions, occupant l'Ukraine puis se dirigeant vers Moscou, parut près de s'emparer de la capitale. Mais les boues de l'automne puis le gel paralysèrent les troupes allemandes aux portes de Moscou.

Staline nomma alors son meilleur général, Joukov, à la direction du front de Moscou. Averti par son espion Sorge que le Japon n'envahirait pas la Sibérie, il fit transporter secrètement l'armée d'Extrême-Orient sur le front de Moscou, et Joukov put déclencher sa contre-offensive le 5 décembre ; le 7 décembre, le Japon attaquait Pearl Harbor et faisait basculer les États-Unis dans la guerre.

En deux jours, le probable, la prise de Moscou et la victoire nazie, devint improbable, et l'improbable devint probable : l'URSS disposait désormais du soutien matériel et militaire des États-Unis.

Stratégiquement improbable fut la bataille de Stalingrad : l'offensive allemande visait le Caucase et ses pétroles ; Stalingrad n'était pas sur son chemin mais à l'écart. Hitler décida de confier à une partie de l'armée dirigée par Paulus la prise de la ville afin de porter un coup fatal à l'image de Staline. Il y eut une bataille féroce, de rue en rue, d'usine en usine, de maison en maison, d'étage en étage, où les forces allemandes s'emparaient progressivement de la ville, à l'exception d'une bande côtière sur la Volga, où de nuit Khrouchtchev faisait traverser les troupes.

Le destin de Stalingrad se joua sur deux fronts qui permirent à deux armées russes de fermer un cercle et d'asphyxier les troupes de Paulus. Les combats durèrent de juillet 1942 à février 1943.

Ce fut une bataille sanglante et décisive, dont l'enjeu était non pas territorial mais symbolique, idéologique et politique.

Les leçons de l'Histoire

L'Histoire porte en elle sous forme humaine les grandes forces cosmiques d'union et de désunion, de concorde et de discorde. Ses leçons sont capitales.

Elle nous révèle une complexité permanente dans ses progressions, régressions, rétroactions multiples et surgissements ininterrompus de l'inattendu ou de l'improbable.

Elle combine incessamment et parfois indissolublement la civilisation et la barbarie. Elle est le plus souvent esclavage, servage et asservissement dans les conquêtes et colonisations, elle est rarement émancipation et liberté.

Elle est sans cesse progression-régression, transformation de déviances en tendances puis de tendances en déviances.

Elle est évolutions, involutions, révolutions.

Elle révèle les incroyables exploits des Alexandre et l'effondrement des grands empires qui semblaient éternels et qui disparaissent à jamais.

Le rôle de l'imaginaire, du mythe, de la religion y est énorme et permanent.

Incertaine par nature, elle ne donne de certitudes que rétrospectives, une fois le fait accompli.

Elle est ordre et désordre, déterminisme et aléa. Elle est créatrice et destructrice.

Elle est révélatrice du génie et de la bêtise.

Elle nous révèle toutes les facettes de la nature humaine. Des plus sublimes aux plus barbares.

La principale leçon de l'Histoire est qu'elle met en lumière les divers visages de l'humanité, les différents comportements humains, mais aussi l'étroite combinaison anthropologique de raison et de folie, de technique et de mythe.

Elle nous rappelle que l'humanité a toujours été et sera toujours dans le devenir.

NOTICE BIOGRAPHIQUE

Né à Paris en 1921, Edgar Morin, Nahoum de son vrai nom, aime parler de son identité plurielle et se définit comme « français, d'origine juive sépharade, partiellement italien et espagnol, amplement méditerranéen, européen culturel[1] ». Sépharades originaires de Thessalonique, ses parents lui parlent français tout en usant entre eux du vieux castillan, dont les sonorités impressionnent le jeune Edgar. Enfant de Ménilmontant, il grandit dans ce Paris populaire. Son père tient un petit commerce rue d'Aboukir.

Orphelin de mère à l'âge de dix ans, Edgar trouve refuge en dehors de la famille et se passionne pour le cinéma, la lecture, le théâtre. C'est ainsi, à l'école,

1. Edgar Morin, *Leçons d'un siècle de vie*, Denoël, 2021, p. 9.

qu'il forge son éducation et apprend « ses vérités[1] ». S'il est titulaire d'une licence de droit et d'histoire-géographie, Edgar Morin se considère avant tout comme autodidacte.

Ouvertement antifasciste dès 1936, il soutient la Solidarité internationale antifasciste et adhère au Parti frontiste. En 1942, il entre dans la Résistance. C'est sous l'Occupation, une fois pleinement engagé dans la clandestinité, qu'Edgar Nahoum adopte le pseudonyme de Morin. Il rejoint alors le Mouvement de résistance des prisonniers de guerre et déportés, tout en étant lié au comité central communiste, puis devient commandant au sein des Forces françaises combattantes l'année suivante. À la Libération, il descend les Champs-Élysées dans le sillage du général de Gaulle, brandissant un drapeau tricolore aux côtés de camarades d'armes fous de joie. Peu après, son ami Dionys Mascolo effectue le rapatriement en France de l'écrivain Robert Antelme, alors détenu à Dachau (Marguerite Duras relate cet épisode dans *La Douleur*). Antelme fut l'auteur de ce livre inoubliable sur la déportation vécue, *L'Espèce humaine*.

Edgar Morin rejoint l'état-major de la 1re armée en Allemagne au début de l'année 1945. Puis, en tant que

1. *Ibid.*, p. 20.

membre du bureau de propagande du gouvernement militaire français, il circule en Allemagne occupée et tire de cette expérience son premier ouvrage, *L'An zéro de l'Allemagne* (1946).

Au lendemain de la guerre, l'adhésion du jeune écrivain à la cause communiste commence à s'effriter, jusqu'à ce qu'il s'en éloigne définitivement en 1949. À la même époque démarre sa carrière de chercheur : en 1950, Edgar Morin entre au CNRS et intègre le Centre d'études sociologiques dirigé par Georges Friedmann. Proche de Claude Lefort, de Roland Barthes, de Maurice Merleau-Ponty, Morin fonde plusieurs revues dont *Arguments* (avec Barthes), la *Revue française de sociologie* et *Communications*. Au gré de ces publications, il se retrouve parmi les premiers penseurs français à s'être penchés sur les phénomènes culturels de la modernité tels que la télévision, la chanson populaire, ou encore les vedettes du grand écran. Il contribue à la *Revue internationale de filmologie* et fait paraître en 1956 *Le Cinéma ou l'Homme imaginaire*. De 1973 à 1989, Edgar Morin assume la direction du Centre d'études des communications de masse, qui deviendra le Centre d'études transdisciplinaires.

En parallèle, à la faveur d'un voyage en Californie en 1969, il s'ouvre à de nouveaux champs du savoir, dont les neurosciences et la cybernétique. L'influence de Heinz von Foerster, l'un des fondateurs de la cybernétique, sera décisive pour que s'affirme en lui le souci de reformer la pensée, ce qui se manifestera dans *La Méthode*. En même temps, grâce au rapport Meadows, il découvre l'écologie, qui sera une préoccupation durant toute sa vie.

Peu à peu, sa démarche intellectuelle, depuis toujours universaliste et transdisciplinaire, se cristallise autour d'un ouvrage fleuve, *La Méthode*, décliné en six volumes et publié aux éditions du Seuil entre 1977 et 2004. Trente ans de réflexion, consacrée, avec une visée universaliste digne des encyclopédistes, au monde physique et à la biologie, à la connaissance et à l'épistémologie, à l'éthique et au vivant. S'exprime entre ces pages la pensée complexe du reliant, à travers le concept de « reliance », qui décrit l'interdépendance de toutes les disciplines de l'esprit, et de celle des humains et de leur habitat.

Parallèlement, Edgar Morin développe une réflexion autour d'une « communauté de destin entre tous les humains[1] » dans *Terre-Patrie* (avec Anne-Brigitte Kern, Seuil, 1993), puis dans *L'An I de l'ère écologique : la Terre dépend de l'homme qui dépend de la Terre* (2007).

1. Edgar Morin, *op. cit.*, p. 17.

Accueilli aux éditions Denoël depuis 2020, le philosophe offre une facette plus intime de son œuvre, partageant avec ses lecteurs son expérience du Covid dans *Changeons de voie. Les leçons du coronavirus* (2020), puis revient plus amplement sur son parcours avec les *Leçons d'un siècle de vie* (2021). Il développe ensuite sa vision de la France d'aujourd'hui, et des nouveaux défis qui se présentent aux sociétés modernes, à travers ses recueils de courts essais *Réveillons-nous !* (2022) et *Encore un moment...* (2023). En 2024, il se produit un véritable événement littéraire : Edgar Morin découvre le manuscrit longtemps égaré de son roman de jeunesse, *L'année a perdu son printemps*, le retravaille et le publie, devenant primo-romancier à l'âge de cent deux ans. Dans son héros, Albert Mercier, on reconnaît le double autobiographique du jeune Edgar, suivi dans son mûrissement intellectuel et affectif du collège à son entrée dans la Résistance.

Témoin et acteur d'un siècle d'histoire, Edgar Morin est un penseur universel. Passionnée et éminemment personnelle, son œuvre alerte sur l'importance de la solidarité, oppose les vertus de l'éducation aux dangers du communautarisme et de l'individualisme. Entre 1946 et aujourd'hui, Edgar Morin a su édifier une œuvre polymorphe et prolifique, traduite dans une cinquantaine de langues. Docteur *honoris causa* de plus de quarante universités à travers le monde, grand-croix de la Légion d'honneur, Edgar Morin reste avant tout un défenseur ardent de la dignité humaine, aussi brillant qu'humble, portant sur le monde un regard alerte, perspicace, souvent espiègle, toujours humaniste.

Table

COMPLEXUS (SUITE)

Amour, poésie, sagesse, Seuil, 1997 ; coll. « Points », 1999.

Connaissance, ignorance, mystère, Fayard, 2017.

ANTHROPO-SOCIOLOGIE

L'Homme et la Mort, Seuil, 1951 ;
coll. « Points », 1977.

Le Cinéma ou l'Homme imaginaire, Minuit, 1956 ;
coll. « Arguments », 1978.

Le Paradigme perdu : la nature humaine, Seuil, 1973 ;
coll. « Points Sciences humaines », 1979.

La Complexité humaine (textes rassemblés
par Edgar Morin et présentés par Heinz Weinmann),
Flammarion, 2024.

NOTRE TEMPS

Les Stars, Seuil, 1957 ; coll. « Points Civilisation », 1972.

L'Esprit du temps, Grasset, 1962 ;
Le Livre de Poche, coll. « Biblio essais », 1983.

Commune en France : la métamorphose de Plodémet,
Fayard, 1967 ; Le Livre de Poche,
coll. « Biblio essais », 1984.

Mai 68, la brèche (en collaboration avec Cornelius
Castoriadis et Claude Lefort), Fayard, 1968 ;
nouvelle édition suivie de *Vingt ans après*,
Éditions Complexe, 1988.

La Rumeur d'Orléans, Seuil, 1969 ; édition complétée avec *La Rumeur d'Amiens*, Seuil, 1973 ; coll. « Points », 1982.

Pour sortir du XXe siècle, Nathan, 1981 ; Seuil, coll. « Points Anthropologie », 1984.

De la nature de l'URSS, Fayard, 1983.

Penser l'Europe, Gallimard, 1987 ; nouvelle édition complétée, Folio, 1990.

Terre-Patrie (en collaboration avec Anne-Brigitte Kern), Seuil, 1993 ; coll. « Points », 1996.

Changeons de voie (en collaboration avec Sabah Abouessalam), Denoël, 2020 ; Flammarion, coll. « Champs », 2021.

De guerre en guerre. De 1940 à l'Ukraine, Éditions de l'Aube, 2023.

Attends-toi à l'inattendu. Dialogue avec Nicolas Truong, Éditions de l'Aube / Le Monde, 2023.

Mon ennemi, c'est la haine. Dialogues avec Véronique Châtel & Jean-Claude Perrier, Éditions de l'Aube, 2023.

S'il est minuit dans le siècle. La première et fondamentale résistance est celle de l'esprit, Éditions de l'Aube, 2024.

Graines de sagacité, Fayard, 2024.

Conversation avec Edgar Morin (propos recueillis par Laurent Greilsamer et François Vey), Autrement, 2024.

POLITIQUE

Politique de civilisation, Arléa, 1997.

La Voie, Fayard, 2011.

Le Chemin de l'espérance (avec Stéphane Hessel), Fayard, 2011.

ENSEIGNEMENT

La Tête bien faite, Seuil, 1999.

Le Défi du XXIe siècle : relier les connaissances, Seuil, 1999.

Les Sept Savoirs nécessaires à l'éducation du futur, Unesco-Seuil, 2000.

Enseigner à vivre, Actes Sud, 2014.

VIE ET DESTIN

Autocritique, Julliard, 1959 ; Seuil, 1991, nouvelle édition, 1994.

Le Vif du sujet, Seuil, 1969 ; coll. « Points Essais », 1982.

Journal de Californie, Seuil, 1970 ; coll. « Points Essais », 1983.

Vidal et les siens (en collaboration avec Véronique Grappe-Nahoum et Haïm Vidal Sephiha), Seuil, 1989 ; coll. « Points », 1996.

Mes démons, Stock, 1994 ; Seuil, coll. « Points », 1998.

Mon chemin, Fayard, 2008 ; Seuil, coll. « Points Essais », 2011.

Les souvenirs viennent à ma rencontre, Fayard, 2019 ; Fayard, coll. « Pluriel », 2021.

Leçons d'un siècle de vie, Denoël, 2021.
Des oasis de poésie, Poesis, 2023.
Encore un moment, Denoël, 2023.
L'année a perdu son printemps, Denoël, 2024.
Cheminer vers l'essentiel (avec Marc de Smedt), Albin Michel, 2024.

Composition : Utibi.
Achevé d'imprimer par Normandie Roto Impression s.a.s.
en février 2025.
Dépôt légal : mars 2025.
N° d'impression : 2500351

ISBN 978-2-207-18443-1 / Imprimé en France.

656063